Impressum
Verlag: BABADADA GmbH, Nedderfeld 112 , 22529 Hamburg
Geschäftsführer / Verlagsleitung: Harald Hof
Druck: Books on Demand GmbH, In de Tarpen 42, 22848 Norderstedt

Imprint
Publisher: BABADADA GmbH, Nedderfeld 112 , 22529 Hamburg, Germany
Managing Director / Publishing direction: Harald Hof
Print: Books on Demand GmbH, In de Tarpen 42, 22848 Norderstedt

skole
école

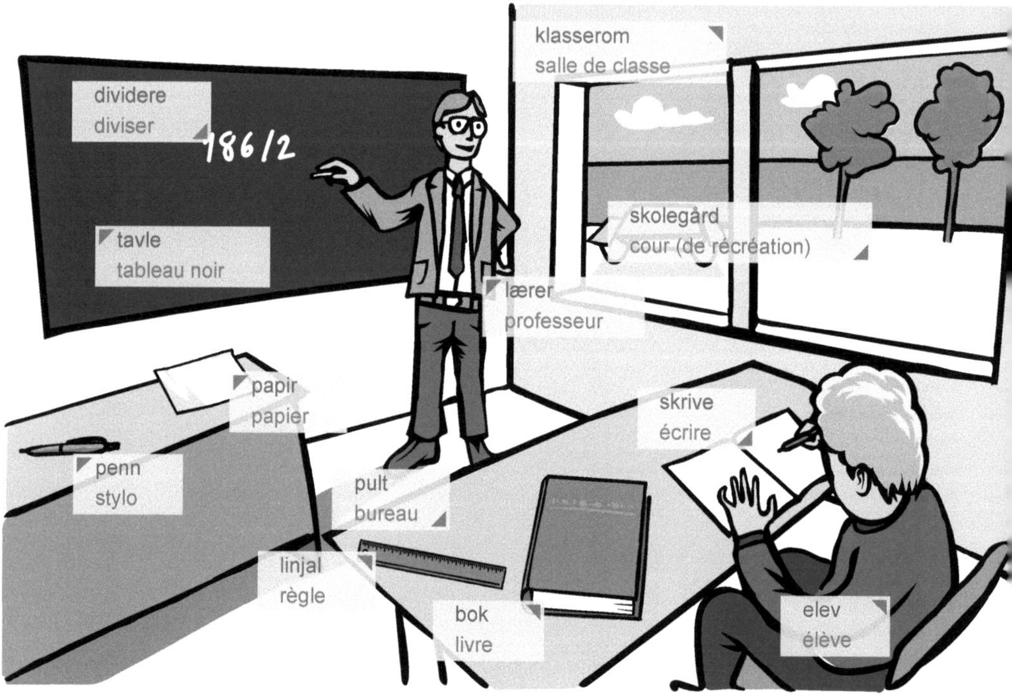
klasserom
salle de classe
dividere
diviser
186/2
tavle
tableau noir
skolegård
cour (de récréation)
lærer
professeur
papir
papier
skrive
écrire
penn
stylo
pult
bureau
linjal
règle
bok
livre
elev
élève

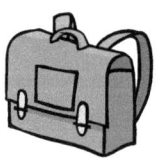

ransel

cartable

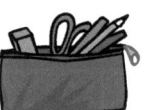

penal

trousse

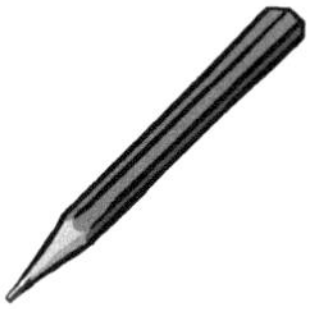

blyant

crayon

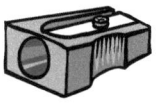

blyantspisser

taille-crayon

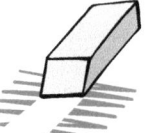

viskelær

gomme

tegneblokk

carnet à dessin

tegning

dessin

pensel

pinceau

malerskrin

boîte de peinture

saks

ciseaux

lim

colle

arbeidsbok

cahier d'exercices

lekse

devoirs

tall

chiffre

addere

additionner

subtrahere

soustraire

multiplisere

multiplier

regne

calculer

bokstav

lettre

alfabet

alphabet

ord

mot

tekst
texte

lese
lire

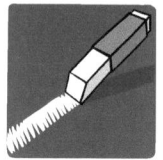

kritt
craie

skoletime
leçon

klassebok
livre de classe

eksamen
examen

vitnemål
certificat

skoleuniform
uniforme scolaire

utdannelse
formation

leksikon
lexique

universitet
université

mikroskop
microscope

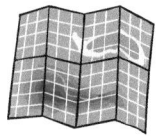

kart
carte

papirkurv
corbeille à papier

reise

voyage

hotell
hôtel
Grand
pensjonat
auberge
ROOMS
vekslingskontor
bureau de change
EXCHANGE
koffert
valise
bil
voiture

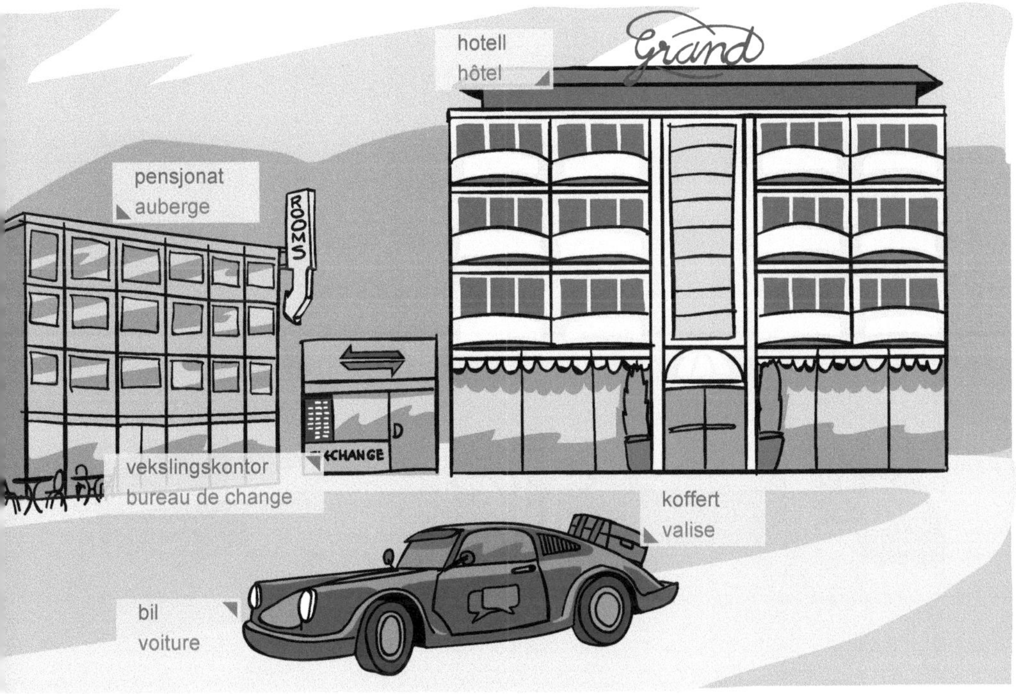

språk

langue

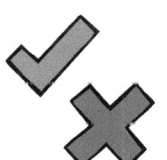

ja / nei

oui / non

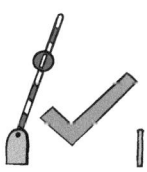

okay

d'accord

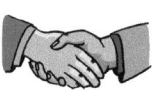

Hei

Salut

tolk

interprète

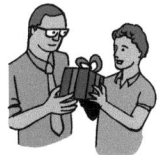

takk skal du ha

merci

Hva koster...?

Combien coûte...?

Jeg forstår ikke

Je ne comprends pas

problem

problème

God kveld!

Bonsoir !

God morgen!

Bonjour !

God natt!

Bonne nuit !

ha det bra

Au revoir

retning

direction

bagasje

bagages

veske

sac

ryggsekk

sac-à-dos

gjest

hôte

rom

pièce

sovepose

sac de couchage

telt

tente

turistinformasjon

office de tourisme

strand

plage

kredittkort

carte de crédit

frokost

petit-déjeuner

lunsj

déjeuner

middag

dîner

billett

billet

heis

ascenseur

stempel

timbre

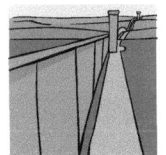

grense

frontière

toll

douane

ambassade

ambassade

visum

visa

pass

passeport

reise - voyage

transport
transport

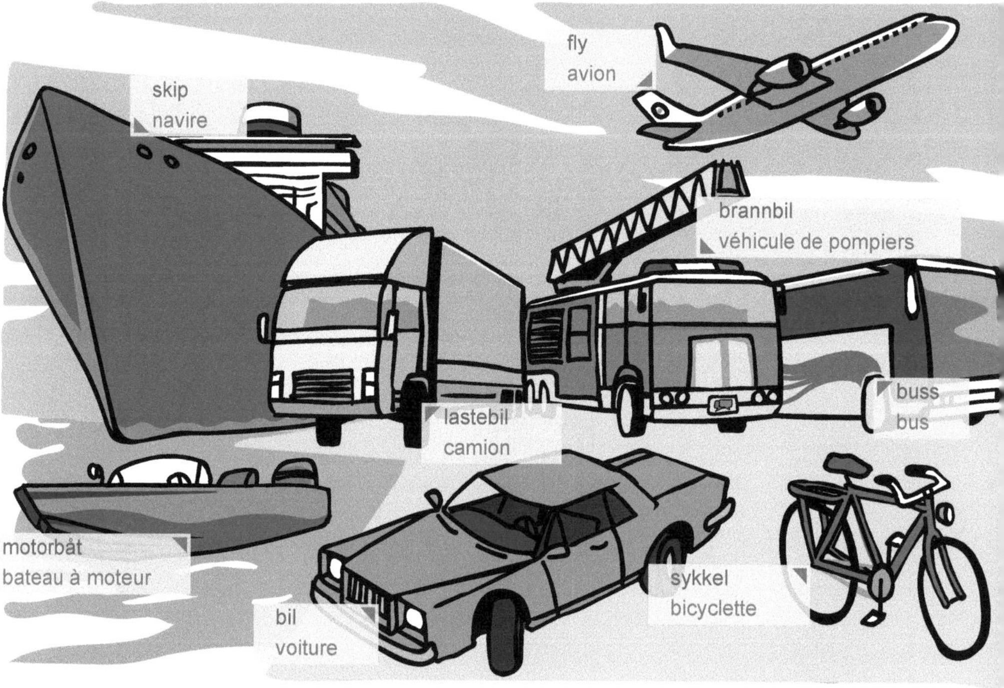

fly
avion
skip
navire
brannbil
véhicule de pompiers
lastebil
camion
buss
bus
motorbåt
bateau à moteur
sykkel
bicyclette
bil
voiture

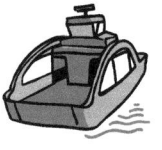

ferge

ferry

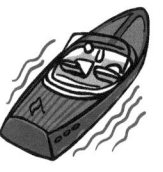

båt

barque

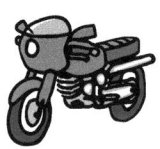

motorsykkel

moto

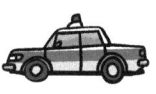

politibil

voiture de police

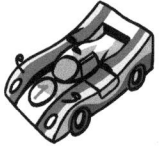

racerbil

voiture de course

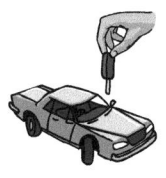

leiebil

voiture de location

bilkollektiv
auto-partage

bergingsbil
voiture de remorquage

søppelbil
benne à ordures

motor
moteur

brennstoff
essence

bensinstasjon
station d'essence

trafikkskilt
panneau indicateur

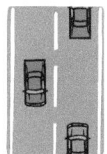

trafikk
trafic

trafikkork
embouteillage

parkeringsplass
parking

togstasjon
gare

skinne
rails

tog
train

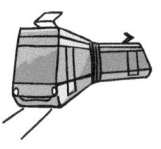

trikk
tramway

vogn
wagon

helikopter

hélicoptère

flyplass

aéroport

tårn

tour

passasjer

passager

konteiner

conteneur

kartong

carton

tralle

chariot

kurv

corbeille

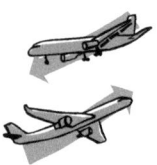

starte / lande

décoller / atterrir

by
ville

landsby

village

sentrum

centre-ville

hus

maison

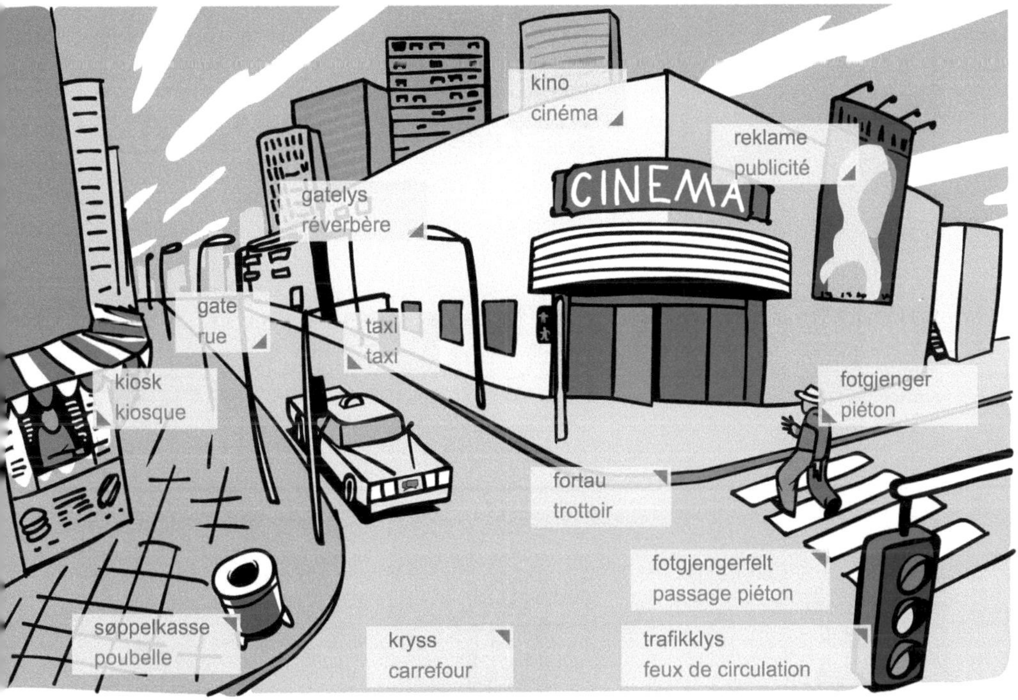

kino
cinéma
CINEMA
reklame
publicité
gatelys
réverbère
gate
rue
taxi
taxi
kiosk
kiosque
fotgjenger
piéton
fortau
trottoir
fotgjengerfelt
passage piéton
søppelkasse
poubelle
kryss
carrefour
trafikklys
feux de circulation

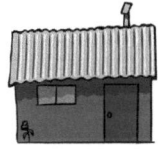

hytte

cabane

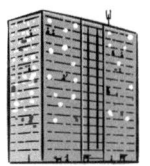

leilighet

appartement

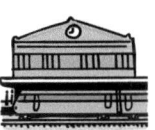

togstasjon

gare

rådhus

mairie

MUSEUM

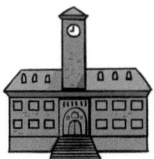

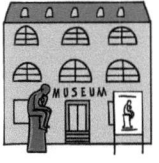

museum

musée

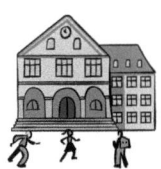

skole

école

universitet
université

bank
banque

sykehus
hôpital

hotell
hôtel

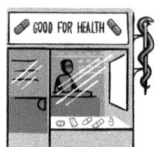

apotek
pharmacie

kontor
bureau

bokhandel
librairie

butikk
magasin

blomsterbutikk
fleuriste

matbutikk
supermarché

marked
marché

varehus
grand magasin

fiskehandler
poissonnerie

kjøpesenter
centre commercial

havn
port

park

parc

benk

banque

bro

pont

trapp

escaliers

t-bane

métro

tunnel

tunnel

busstopp

arrêt de bus

bar

bar

restaurant

restaurant

postkasse

boîte à lettres

gateskilt

panneau indicateur

parkometer

parcmètre

dyrehage

zoo

svømmebasseng

piscine

moské

mosquée

bondegård
ferme

miljøforurensing
pollution

kirkegård
cimetière

kirke
église

lekeplass
aire de jeux

tempel
temple

landskap
paysage

blad
feuille

veiviser
panneau indicateur

vei
chemin

eng
pré

stein
pierre

turgåer
randonneur

tre
arbre

elv
rivière

gress
herbe

blomst
fleur

dal

vallée

fjell

montagne

innsjø

lac

skog

forêt

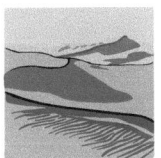

ørken

désert

vulkan

volcan

slott

château

regnbue

arc-en-ciel

sopp

champignon

palmetre

palmier

mygg

moustique

flue

mouche

maur

fourmis

bie

abeille

edderkopp

araignée

landskap - paysage   15

bille
....
coléoptère

frosk
....
grenouille

ekorn
....
écureuil

piggsvin
....
hérisson

hare
....
lièvre

ugle
....
chouette

fugl
....
oiseau

svane
....
cygne

villsvin
....
sanglier

hjort
....
cerf

elg
....
élan

demning
....
barrage

vindturbin
....
éolienne

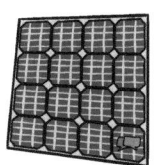

solcellepanel
....
panneau solaire

klima
....
climat

restaurant
restaurant

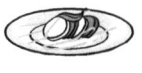

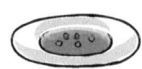

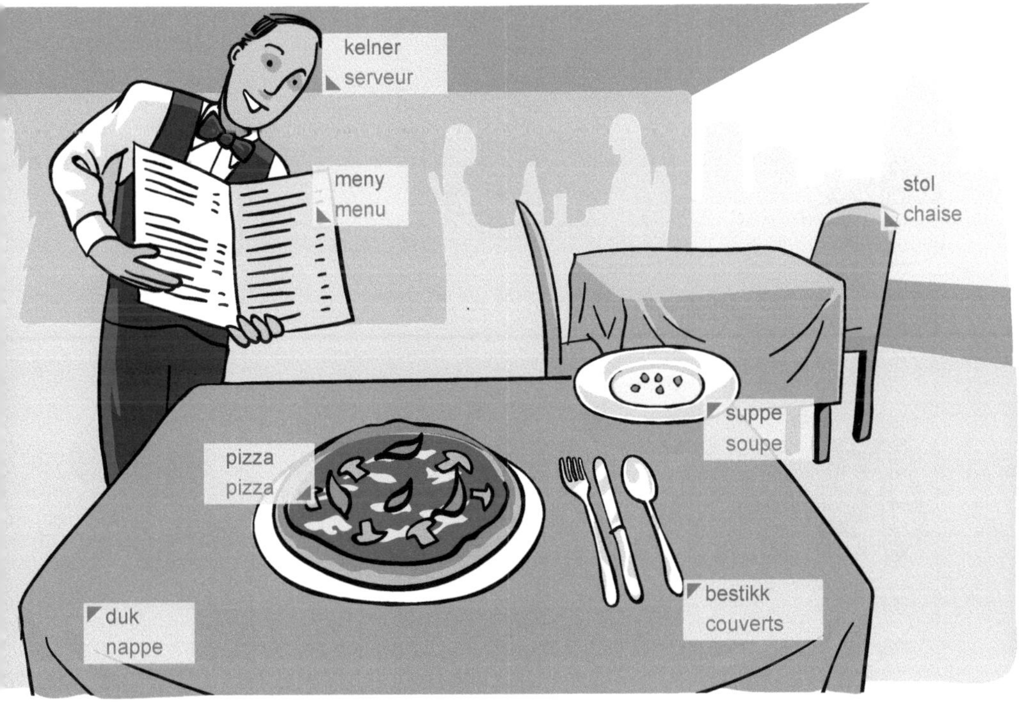

kelner
serveur
meny
menu
stol
chaise
suppe
soupe
pizza
pizza
bestikk
couverts
duk
nappe

forrett

hors d'œuvre

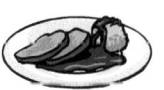

hovedrett

plat principal

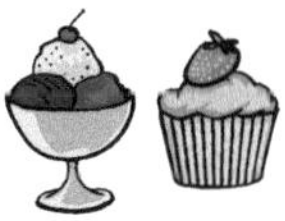

dessert

dessert

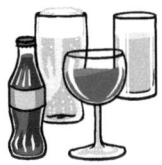

drikkevarer

boissons

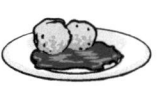

mat

alimentation

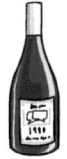

flaske

bouteille

hurtigmat
fast-food

gatemat
plats à emporter

tekanne
théière

sukkerskål
sucrier

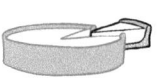

porsjon
portion

espressomaskin
machine à expresso

barnestol
chaise haute

regning
facture

brett
plateau

kniv
couteau

gaffel
fourchette

skje
cuillère

teskje
cuillère à thé

serviett
serviette

glass
verre

restaurant - restaurant

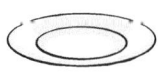

tallerken
assiette

suppetallerken
assiette à soupe

skål
soucoupe

saus
sauce

saltbøsse
salière

pepperkvern
moulin à poivre

eddik
vinaigre

olje
huile

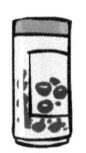

krydder
épices

ketchup
ketchup

sennep
moutarde

majones
mayonnaise

restaurant - restaurant

matbutikk

supermarché

tilbud
offre promotionnelle
FOR
kunde
client
meieriprodukt
produits laitiers
frukt
fruits
handlevogn
chariot

BUTCHERS

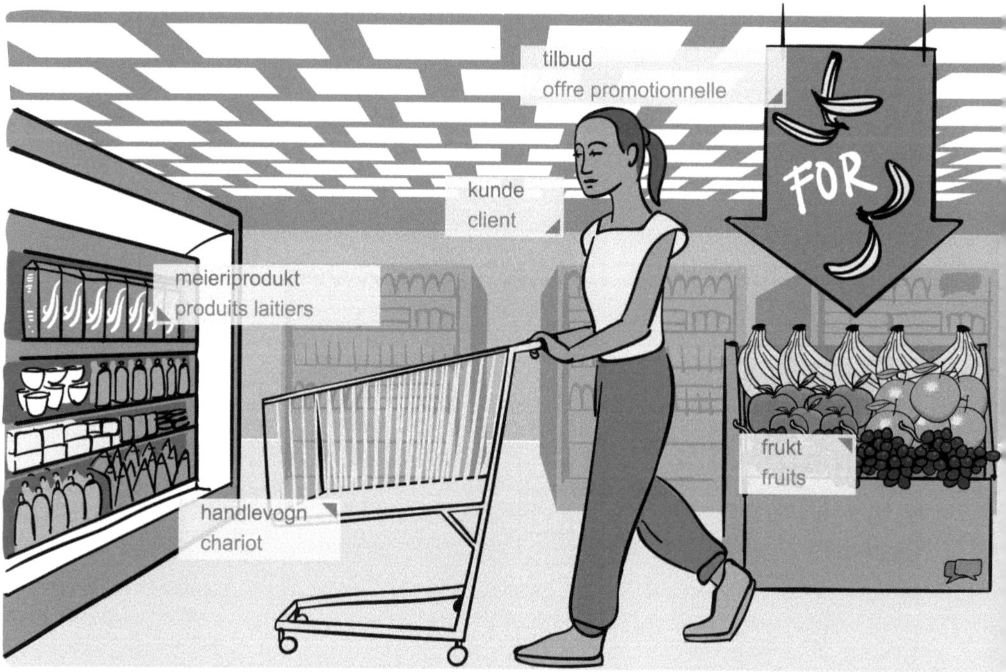

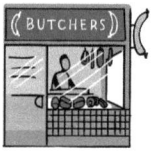

slakter

boucherie

BAKERY

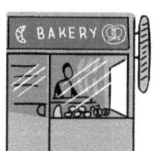

bakeri

boulangerie

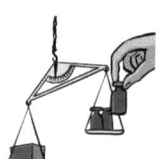

veie

peser

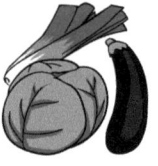

grønnsaker

légumes

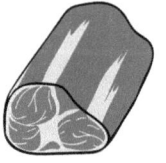

kjøtt

viande

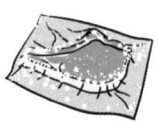

frysevarer

aliments surgelés

oppskåret pålegg

charcuterie

hermetikk

conserves

vaskepulver

poudre à lessive

godteri

bonbons

husholdningsprodukter

articles ménagers

rengjøringsmidler

détergents

butikkmedarbeider

vendeuse

kassaapparat

caisse

kasserer

caissier

handleliste

liste d'achats

åpningstider

heures d'ouverture

lommebok

portefeuille

kredittkort

carte de crédit

veske

sac

plastpose

sac en plastique

vann

eau

juice

jus de fruit

melk

lait

cola

coca

vin

vin

øl

bière

alkohol

alcool

kakao

chocolat chaud

te

thé

kaffe

café

espresso

expresso

cappuccino

cappuccino

banan
banane

eple
pomme

appelsin
orange

melon
melon

sitron
citron

gulrot
carotte

hvitløk
ail

bambus
bambou

løk
oignon

sopp
champignon

nøtter
noisettes

nudler
pâtes

spagetti

spaghetti

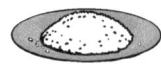

ris

riz

salat

salade

pommes frites

pommes frites

stekte poteter

pommes de terre rôties

pizza

pizza

hamburger

hamburger

sandwich

sandwich

biff

escalope

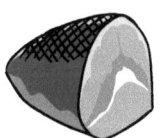

skinke

jambon

salami

salami

pølse

saucisse

kylling

poulet

stek

rôti

fisk

poisson

havregryn

flocons d'avoine

müsli

muesli

cornflakes

cornflakes

mel

farine

croissant

croissant

rundstykke

petits-pains

brød

pain

ristet brød

pain grillé

kjeks

biscuits

smør

beurre

kvarg

le fromage blanc

kake

gâteau

egg

œuf

speilegg

œuf au plat

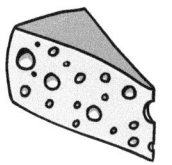

ost

fromage

iskrem
glace

sukker
sucre

honning
miel

syltetøy
confiture

sjokoladepålegg
crème nougat

karri
curry

mat - alimentation

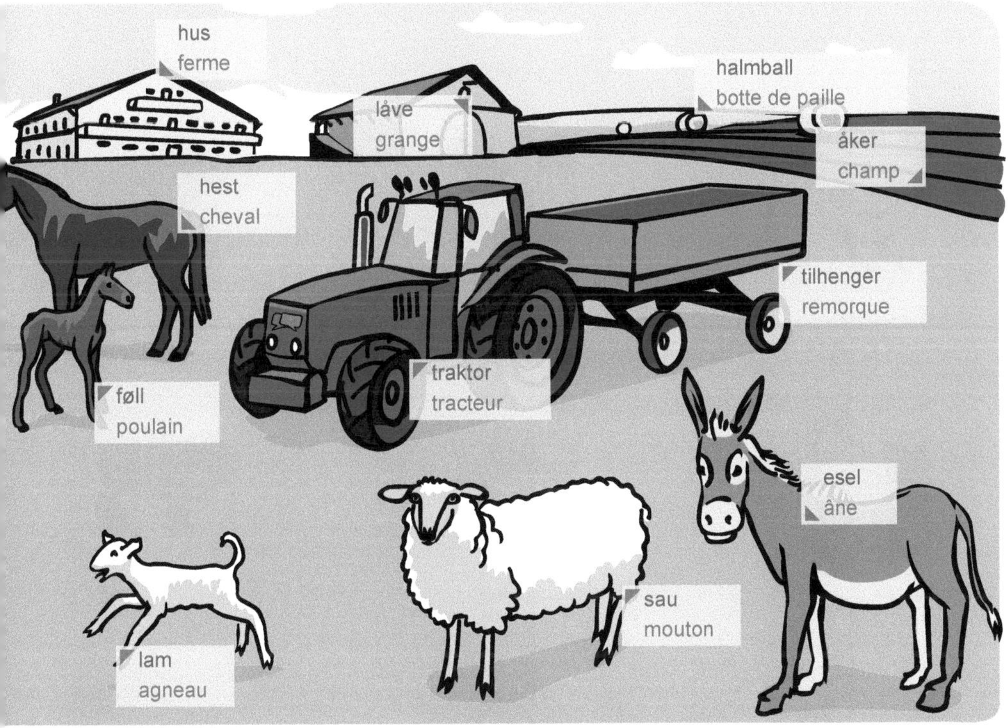

hus
ferme

låve
grange

halmball
botte de paille

åker
champ

hest
cheval

tilhenger
remorque

traktor
tracteur

føll
poulain

esel
âne

sau
mouton

lam
agneau

geit

chèvre

ku

vache

kalv

veau

gris

porc

grisunge

porcelet

okse

taureau

gås

oie

and

canard

kylling

poussin

høne

poule

hane

coq

rotte

rat

katt

chat

mus

souris

okse

bœuf

hund

chien

hundehus

chenil

hageslange

tuyau de jardin

vannkanne

arrosoir

ljå

faucheuse

plog

charrue

sigd
faucille

hakke
pioche

høygaffel
fourche

øks
hache

trillebår
brouette

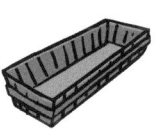

trau
cuve

melkekanne
pot à lait

sekk
sac

gjerde
clôture

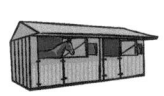

fjøs
étable

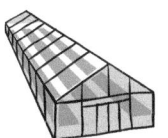

drivhus
serre

jord
sol

frø
semences

gjødsel
engrais

skurtresker
moissonneuse-batteuse

høste
récolter

innhøsting
récolte

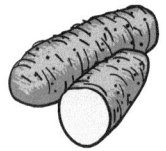

yams
igname

hvete
blé

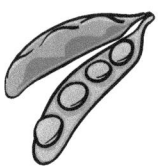

soja
soja

potet
pomme de terre

mais
maïs

raps
colza

frukttre
arbre fruitier

kassava
manioc

korn
céréales

hus
maison

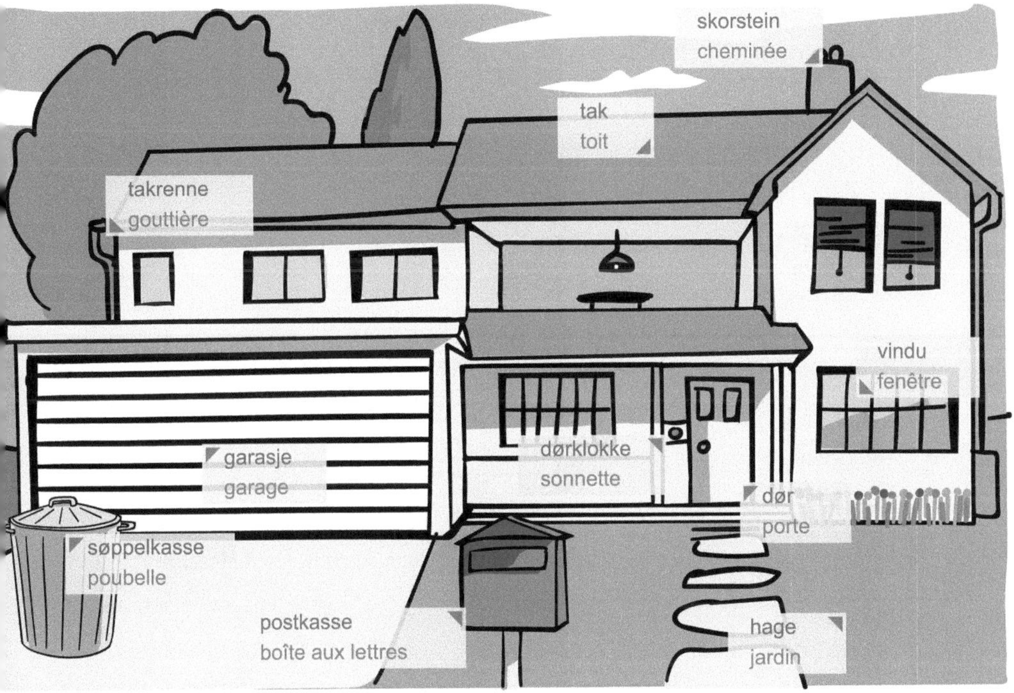
skorstein
cheminée
tak
toit
takrenne
gouttière
vindu
fenêtre
dørklokke
sonnette
garasje
garage
dør
porte
søppelkasse
poubelle
postkasse
boîte aux lettres
hage
jardin

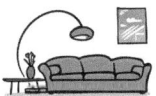

stue

salon

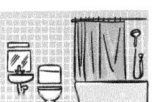

bad

salle de bain

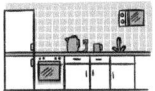

kjøkken

cuisine

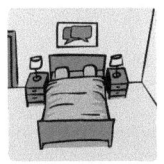

soverom

chambre à coucher

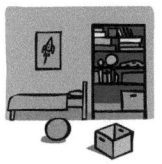

barnerom

chambre d'enfant

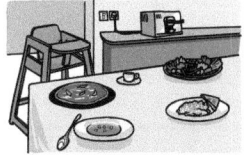

spisestue

salle à manger

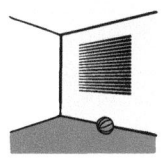

gulv
sol

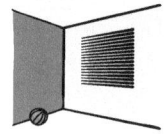

vegg
mur

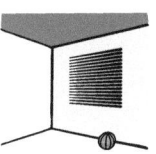

tak
plafond

kjeller
cave

badstue
sauna

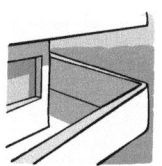

balkong
balcon

terrasse
terrasse

svømmebasseng
piscine

gressklipper
tondeuse à gazon

laken
housse

dyne
couette

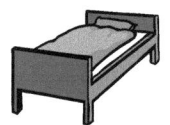

seng
lit

kost
balai

bøtte
sceau

bryter
interrupteur

stue
salon

tapet
papier peint
bilde
image
lampe
lampe
hylle
étagère
skap
armoire
tv
télé
peis
cheminée
blomst
fleur
pute
coussin
sofa
sofa
vase
vase
fjernkontroll
télécommande

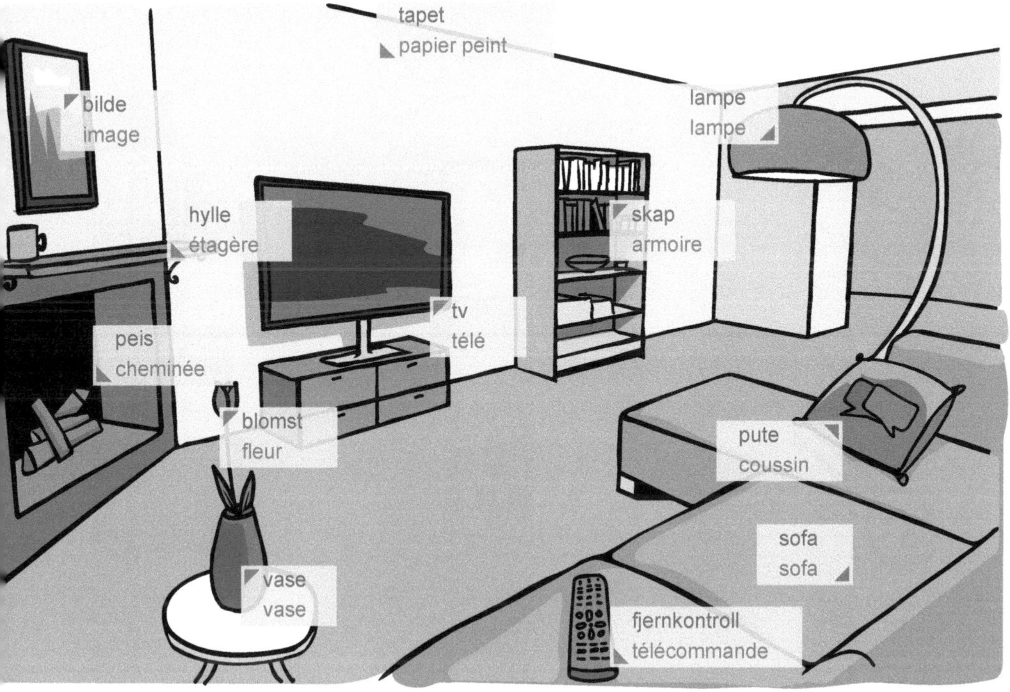

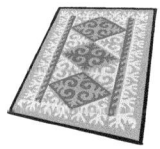

gulvteppe

tapis

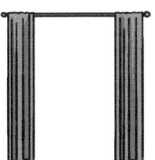

gardin

rideau

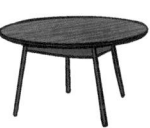

bord

table

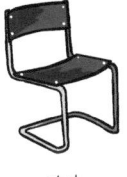

stol

chaise

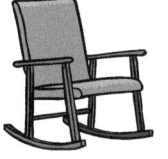

gyngestol

chaise à bascule

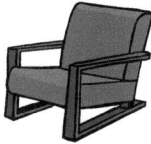

lenestol

fauteuil

bok

livre

teppe

couverture

dekorasjon

décoration

ved

bois de chauffage

film

film

stereoanlegg

chaîne hi-fi

nøkkel

clé

avis

journal

maleri

peinture

plakat

poster

radio

radio

notatblokk

bloc-notes

støvsuger

aspirateur

kaktus

cactus

lys

bougie

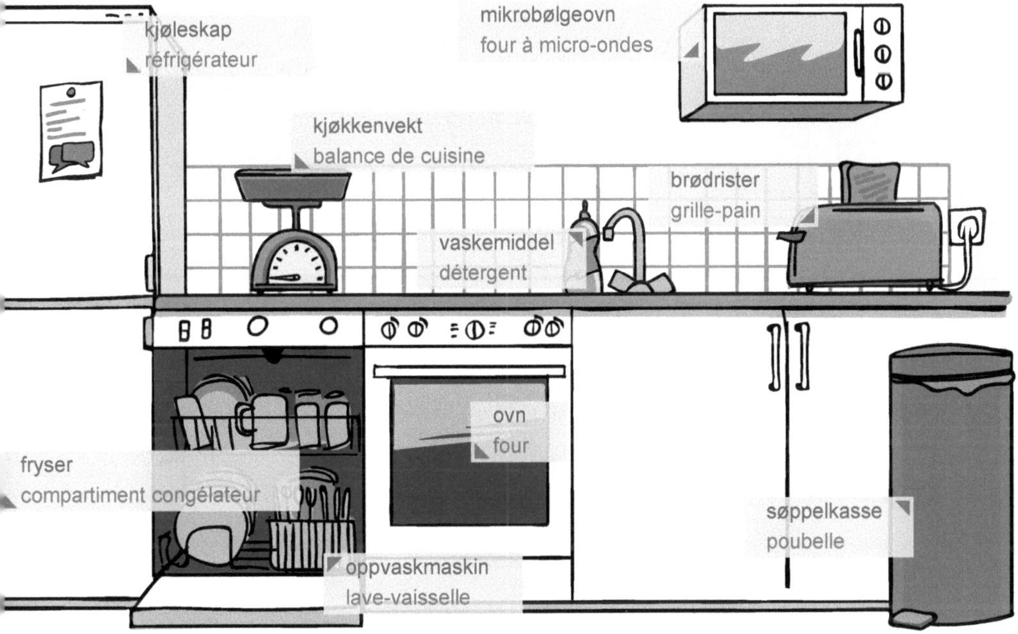

kjøleskap
réfrigérateur

mikrobølgeovn
four à micro-ondes

kjøkkenvekt
balance de cuisine

brødrister
grille-pain

vaskemiddel
détergent

ovn
four

fryser
compartiment congélateur

søppelkasse
poubelle

oppvaskmaskin
lave-vaisselle

komfyr
four

gryte
casserole

jerngryte
marmite

wokpanne
wok / kadai

panne
poêle

vannkoker
bouilloire electrique

dampovn

cuiseur vapeur

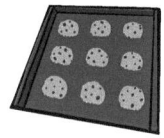

stekebrett

plaque de cuisson

servise

vaisselle

krus

gobelet

bolle

coupe

spisepinner

baguettes

øse

louche

stekespade

spatule

visp

fouet

sil

passoire

sil

tamis

rivjern

râpe

mørtel

mortier

grill

barbecue

bål

cheminée

skjærefjøl

planche à découper

kjevle

rouleau à pâtisserie

korketrekker

tire-bouchon

boks

boîte

boksåpner

ouvre-boîte

gryteklut

maniques

vask

lavabo

børste

brosse

svamp

éponge

blender

mixeur

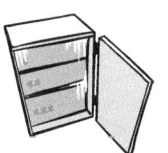

fryseboks

congélateur

tåteflaske

biberon

kran

robinet

kjøkken - cuisine

bad

salle de bain

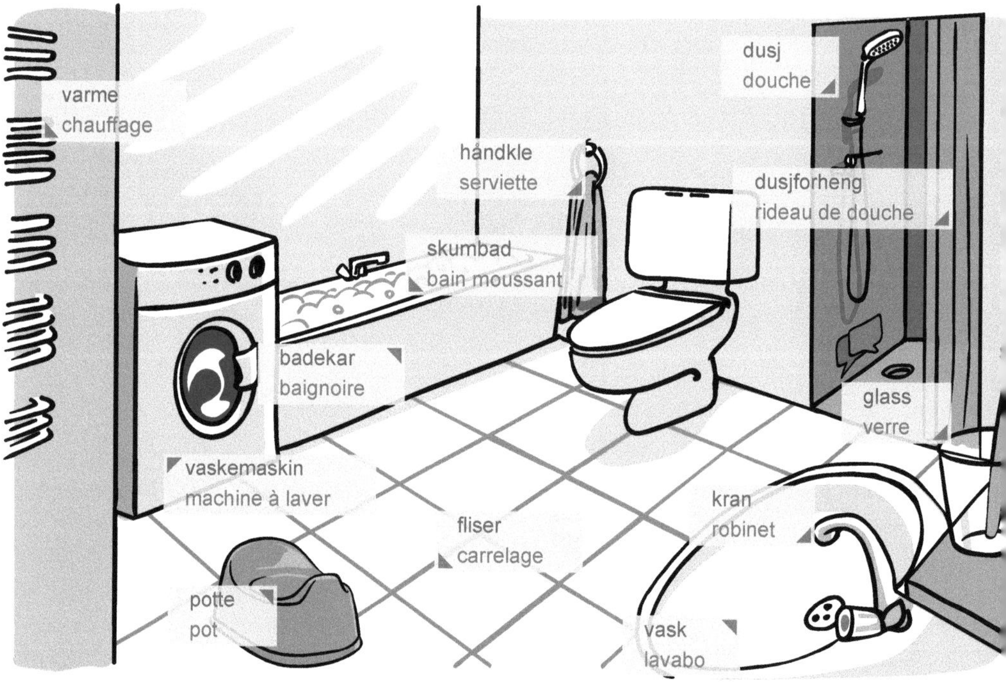

varme
chauffage
dusj
douche
håndkle
serviette
dusjforheng
rideau de douche
skumbad
bain moussant
badekar
baignoire
glass
verre
vaskemaskin
machine à laver
kran
robinet
fliser
carrelage
potte
pot
vask
lavabo

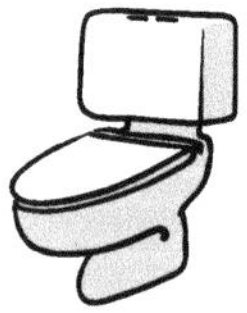

toalett

toilettes

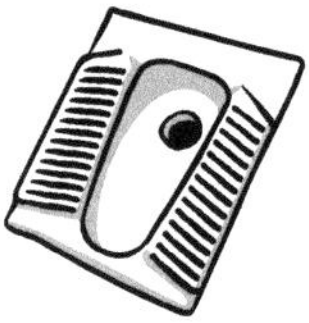

ståtoalett

toilette à la turque

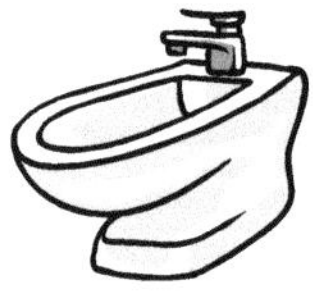

bidet

bidet

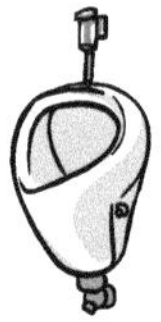

pissoar

urinoir

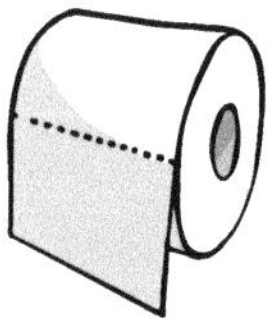

toalettpapir

papier toilette

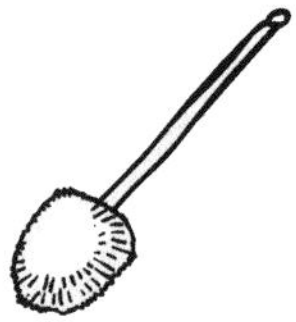

toalettbørste

brosse à toilette

tannbørste

brosse à dents

tannkrem

dentifrice

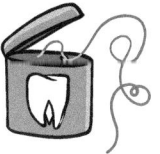

tanntråd

fil dentaire

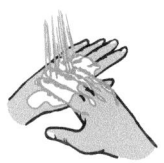

vaske

laver

hånddusj

douche manuelle

intimdusj

douche intime

oppvaskbalje

vasque

ryggbørste

brosse dorsale

såpe

savon

dusjsåpe

gel douche

sjampo

shampooing

vaskeklut

gant de toilette

avløp

écoulement

krem

crème

deodorant

déodorant

speil

miroir

håndspeil

miroir cosmétique

barberhøvel

rasoir

barberskum

mousse à raser

barberingsvann

après-rasage

kam

peigne

børste

brosse

hårføner

sèche-cheveux

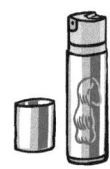

hårspray

laque pour cheveux

sminke

fond de teint

lebestift

rouge à lèvres

neglelakk

vernis à ongles

bomullsdott

ouate

neglesaks

coupe-ongles

parfyme

parfum

toalettmappe

trousse de toilette

krakk

tabouret

vekt

pèse-personne

badekåpe

peignoir

gummihansker

gants de nettoyage

tampong

tampon

sanitetsbind

serviettes hygiéniques

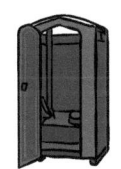

kjemisk toalett

toilette chimique

barnerom

chambre d'enfant

vekkerklokke
réveil
kosedyr
doudou
lekebil
voiture jouet
rangle
hochet
dukkehus
maison de poupée
gave
cadeau

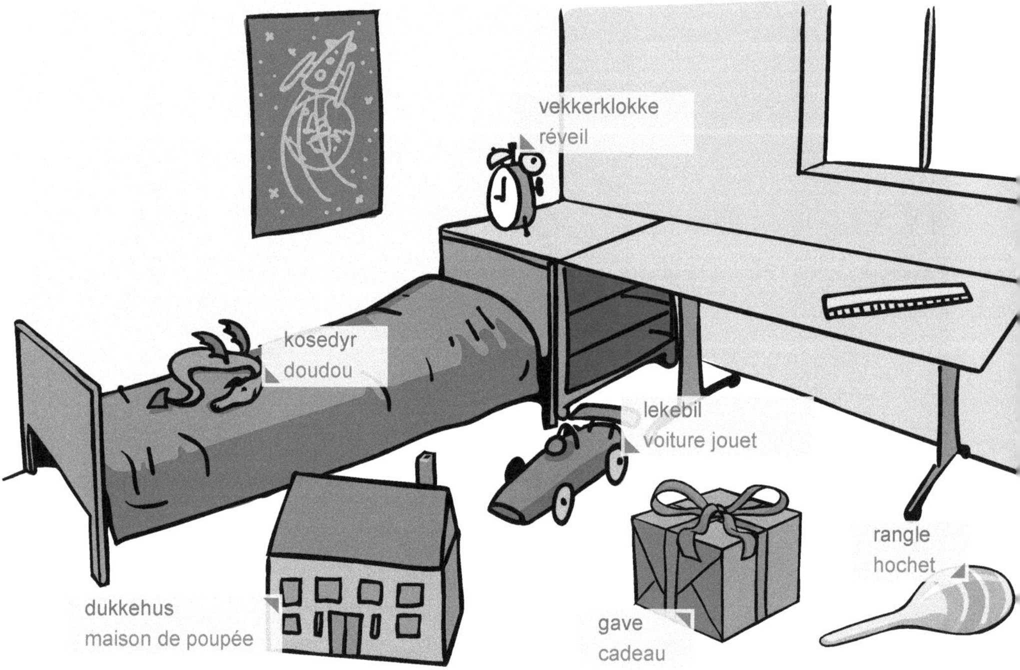

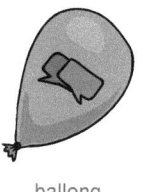

ballong
ballon

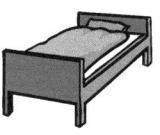

seng
lit

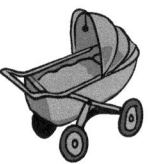

barnevogn
poussette

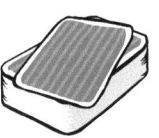

kortstokk
jeu de cartes

puslespill
puzzle

SUPER
MEGA
tegneserie
bande dessinée

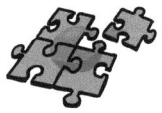

lego klosser

pièces lego

byggeklosser

blocs de construction

actionfigur

figurine

sparkebukse

grenouillère

frisbee

frisbee

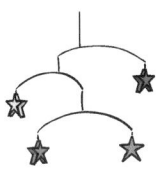

uro

mobile

brettspill

jeu de société

terning

dé

togbane

train miniature

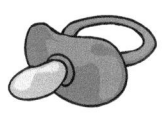

smokk

sucette

fest

fête

bildebok

livre d'images

ball

balle

dukke

poupée

leke

jouer

sandkasse
bac à sable

gynge
balançoire

leketøy
jouets

spillekonsoll
console de jeu

trehjulssykkel
tricycle

bamse
ours en peluche

garderobeskap
armoire

klær

vêtements

sokker
chaussettes

strømper
bas

strømpebukse
collant

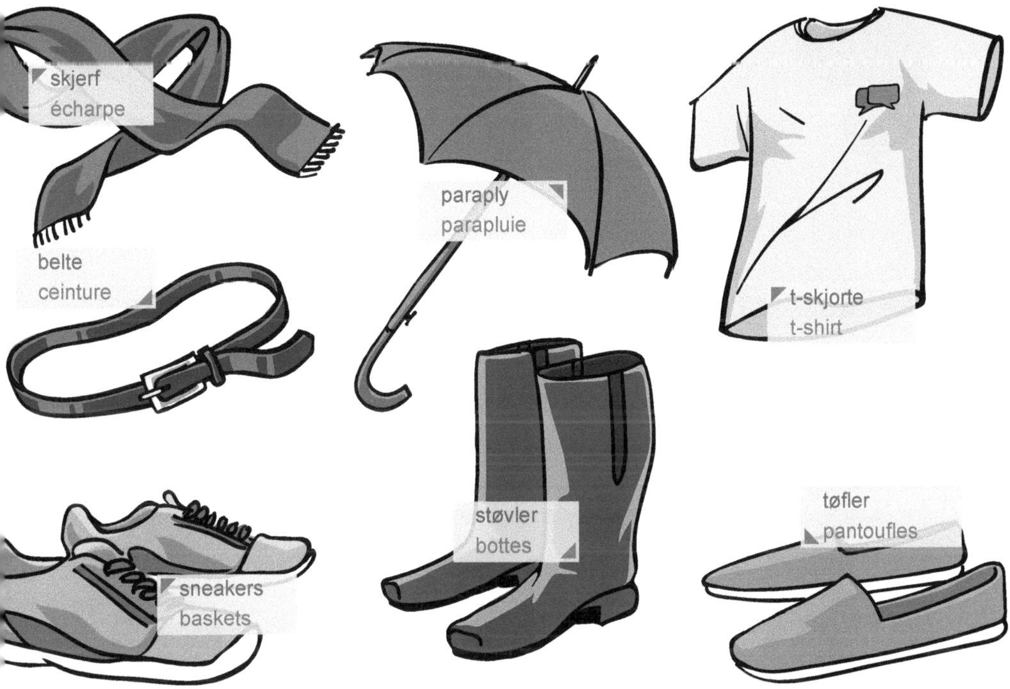

skjerf
écharpe

belte
ceinture

paraply
parapluie

t-skjorte
t-shirt

sneakers
baskets

støvler
bottes

tøfler
pantoufles

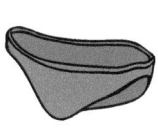

sandaler
....
sandales

sko
....
chaussures

gummistøvler
....
bottes de caoutchouc

underbukse
....
sous-vêtements

BH
....
soutien-gorge

undertrøye
....
maillot de corps

klær - vêtements

body
body

bukse
pantalon

dongeribukse
jean

skjørt
jupe

bluse
chemisier

skjorte
chemise

genser
pull

hettegenser
sweat à capuche

dressjakke
veste

jakke
veste

kåpe
manteau

regnjakke
imperméable

drakt
costume

kjole
robe

brudekjole
robe de mariée

dress
costume

nattkjole
chemise de nuit

pyjamas
pyjama

sari
sari

skaut
foulard

turban
turban

burka
burqa

kaftan
caftan

abaya
abaya

badedrakt
maillot de bain

badebukse
maillot de bain

shorts
short

treningsklær
tenue d'entraînement

forkle
tablier

handske
gants

knapp

bouton

brille

lunettes

armbånd

bracelet

kjede

collier

ring

bague

øredobb

boucle d'oreille

lue

bonnet

kleshenger

cintre

hatt

chapeau

slips

cravate

glidelås

fermeture éclair

hjelm

casque

bukseseler

bretelles

skoleuniform

uniforme scolaire

uniform

uniforme

smekke

bavoir

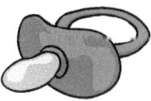

smokk

sucette

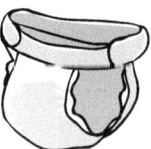

bleie

lange

kontor
bureau

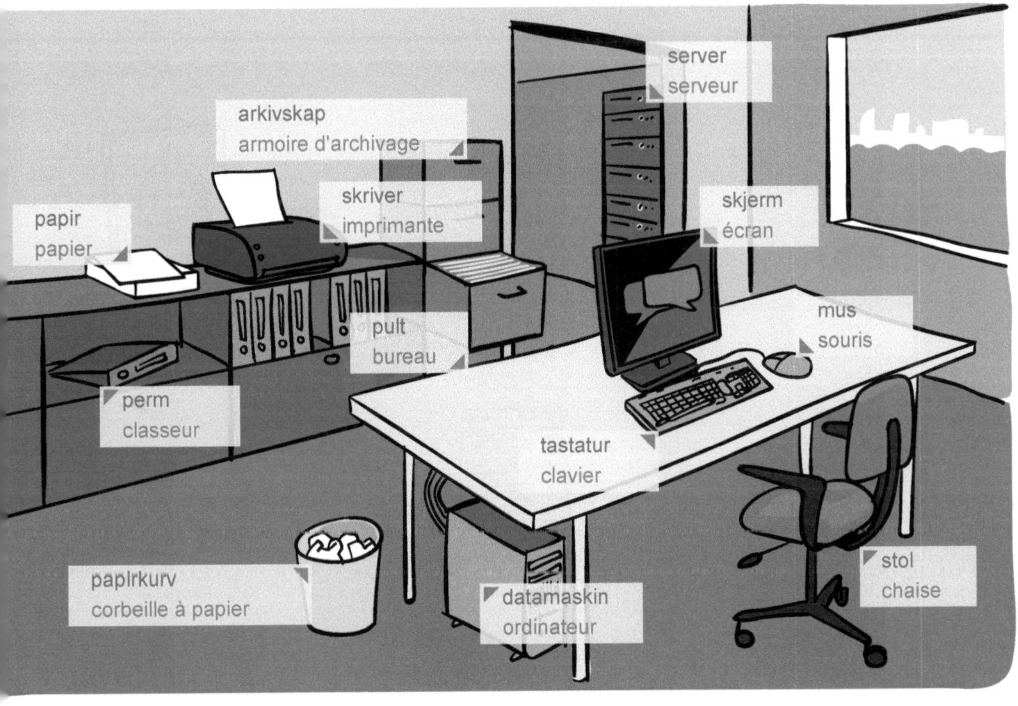

server
serveur

arkivskap
armoire d'archivage

skriver
imprimante

skjerm
écran

papir
papier

pult
bureau

mus
souris

perm
classeur

tastatur
clavier

paplrkurv
corbeille à papier

stol
chaise

datamaskin
ordinateur

kaffekopp

tasse de café

kalkulator

calculatrice

internett

internet

bærbar pc

ordinateur portable

brev

lettre

beskjed

message

mobiltelefon

portable

nettverk

réseau

kopimaskin

photocopieuse

programvare

logiciel

telefon

téléphone

stikkontakt

prise

faksmaskin

fax

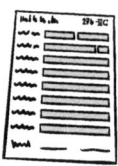

skjema

formulaire

dokument

document

kjøpe

acheter

betale

payer

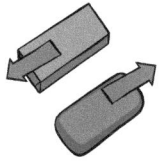

handle

faire du commerce

penger

monnaie

dollar

dollar

euro

euro

yen

yen

rubel

rouble

sveitserfranc

franc suisse

renminbi

renminbi yuan

rupi

roupie

minibank

distributeur automatique

vekslingskontor

bureau de change

gull

or

sølv

argent

olje

pétrole

energi

énergie

pris

prix

kontrakt

contrat

avgift

taxe

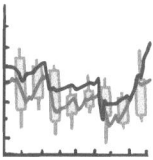

aksje

action

jobbe

travailler

ansatt

employé

arbeitsgiver

employeur

fabrikk

usine

butikk

magasin

yrker
professions

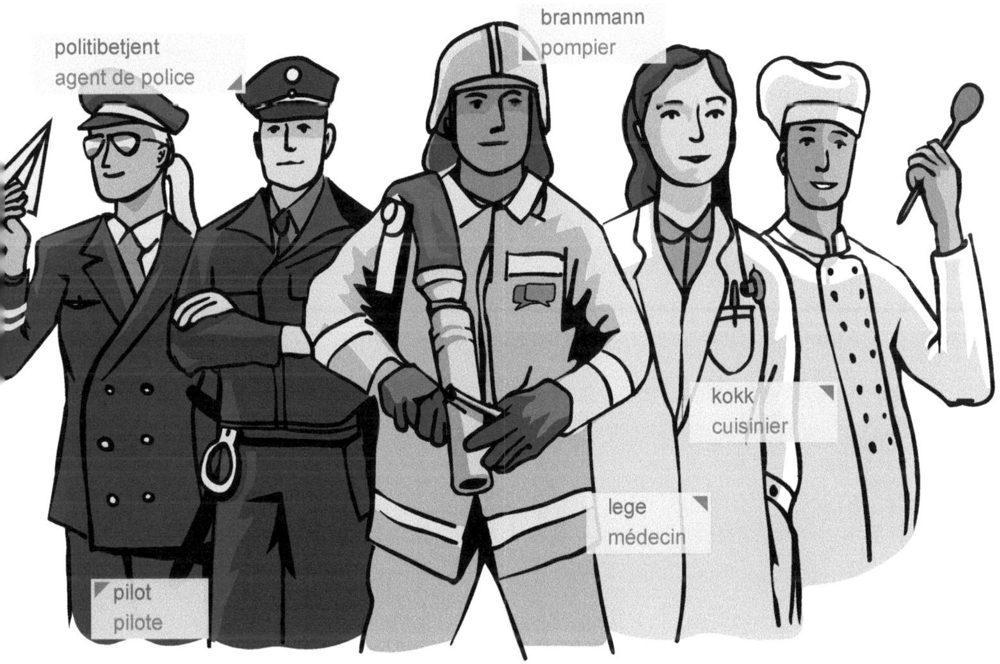
politibetjent
agent de police
brannmann
pompier
kokk
cuisinier
lege
médecin
pilot
pilote

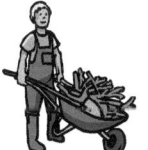

gartner

jardinier

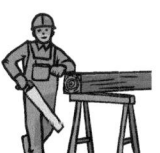

snekker

menuisier

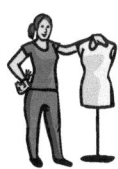

syerske

couturière

dommer

juge

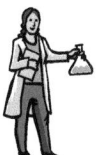

kjemiker

chimiste

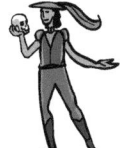

skuespiller

acteur

bussjåfør

conducteur de bus

taxisjåfør

chauffeur de taxi

fisker

pêcheur

vaskedame

femme de ménage

taktekker

couvreur

kelner

serveur

jeger

chasseur

maler

peintre

baker

boulanger

elektriker

électricien

bygningsarbeider

ouvrier

ingeniør

ingénieur

slakter

boucher

rørlegger

plombier

postbud

facteur

yrker - professions

soldat
soldat

arkitekt
architecte

kasserer
caissier

blomsterhandler
fleuriste

frisør
coiffeur

konduktør
contrôleur

mekaniker
mécanicien

kaptein
capitaine

tannlege
dentiste

forsker
scientifique

rabbi
rabbin

imam
imam

munk
moine

prest
prêtre

verktøy
outils

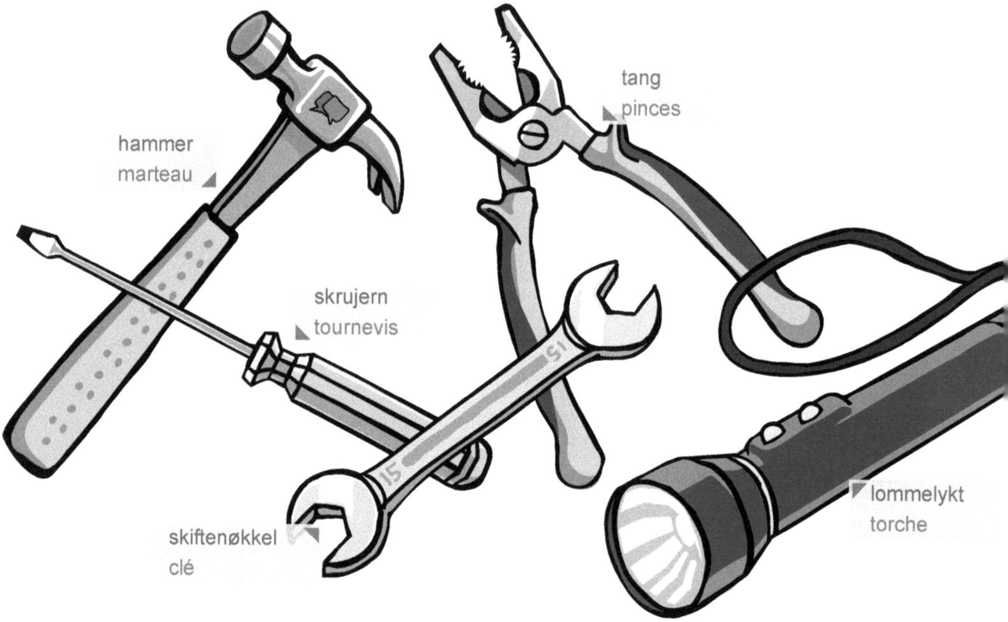
hammer
marteau
tang
pinces
skrujern
tournevis
skiftenøkkel
clé
lommelykt
torche

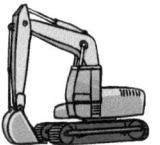

gravemaskin

pelleteuse

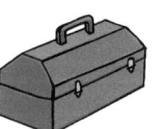

verktøykasse

boîte à outils

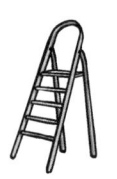

stige

échelle

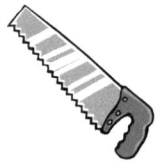

sag

scie

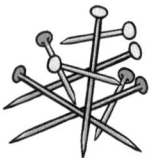

spiker

clous

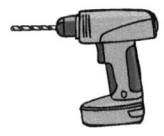

bor

perceuse

reparere

réparer

spade

pelle

Søren!

Mince !

feiebrett

pelle

malingsspann

pot de peinture

skruer

vis

musikkinstrument

instruments de musique

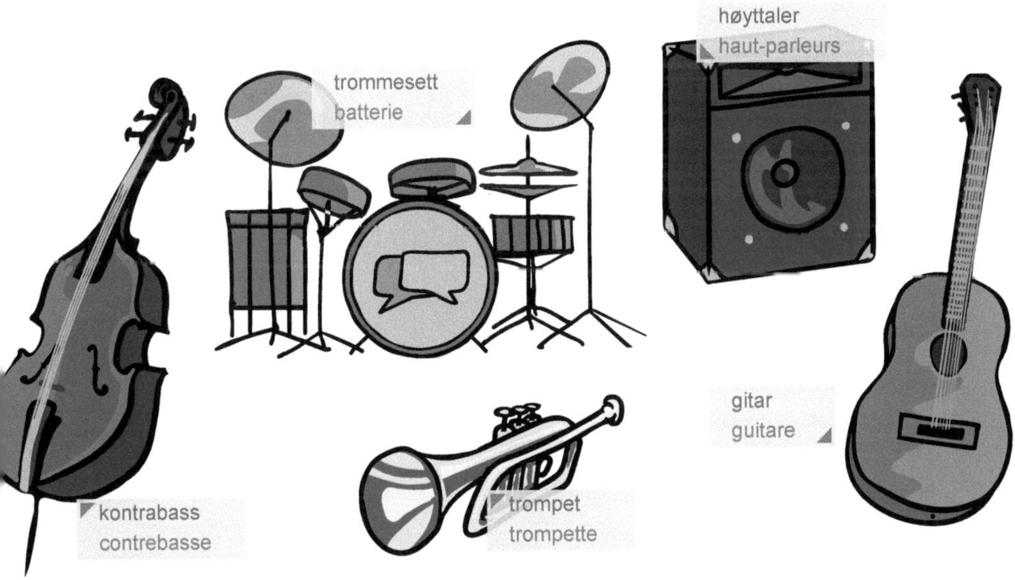

høyttaler
haut-parleurs

trommesett
batterie

gitar
guitare

kontrabass
contrebasse

trompet
trompette

piano
piano

fiolin
violon

bass
basse

pauke
timbales

trommer
tambour

keyboard
piano électrique

saksofon
saxophone

fløyte
flûte

mikrofon
microphone

dyrehage

zoo

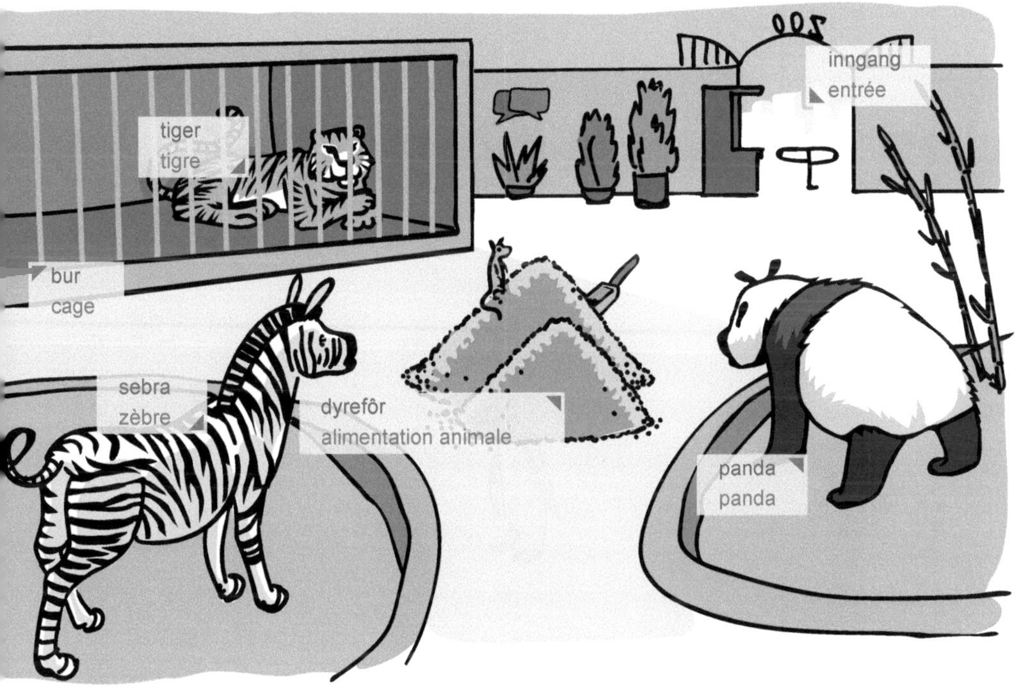
inngang
entrée
tiger
tigre
bur
cage
sebra
zèbre
dyrefôr
alimentation animale
panda
panda

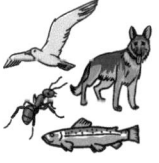

dyr

animaux

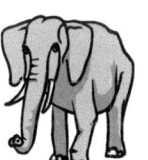

elefant

éléphant

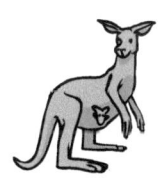

kenguru

kangourou

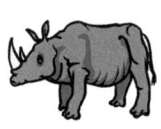

neshorn

rhinocéros

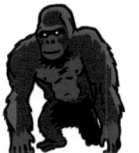

gorilla

gorille

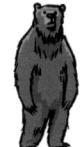

bjørn

ours

kamel

chameau

struts

autruche

løve

lion

ape

singe

flamingo

flamand rose

papegøye

perroquet

isbjørn

ours polaire

pingvin

pingouin

hai

requin

påfugl

paon

slange

serpent

krokodille

crocodile

dyrepasser

gardien de zoo

sel

phoque

jaguar

jaguar

dyrehage - zoo

ponni
poney

leopard
léopard

flodhest
hippopotame

giraff
girafe

ørn
aigle

villsvin
sanglier

fisk
poisson

skilpadde
tortue

hvalross
morse

rev
renard

gaselle
gazelle

amerikansk fotball
american Football

sykling
cyclisme

tennis
tennis

basketball
basket-ball

svømming
natation

boksing
boxe

ishockey
hockey sur glace

fotball
football

badminton
badminton

friidrett
athlétisme

håndball
handball

stå på ski
ski

polo
polo

aktiviteter
activités

le
rire
hoppe
sauter
klemme
embrasser
gå
marcher
synge
chanter
drømme
rêver
be
prier
kysse
faire la bise

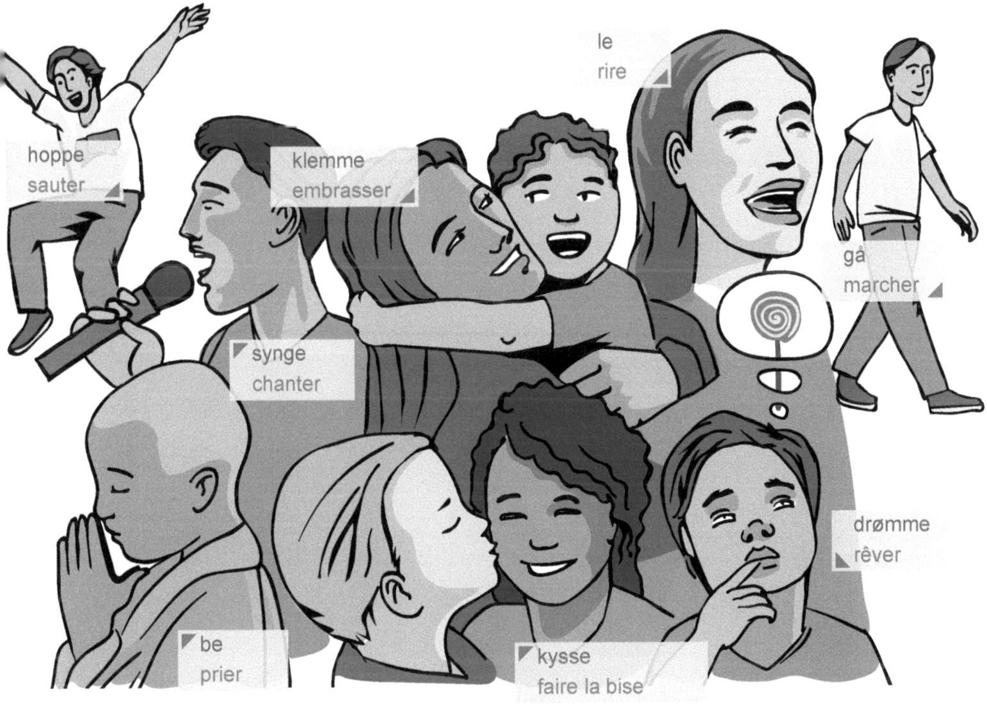

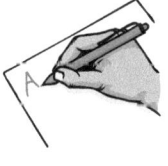

skrive

écrire

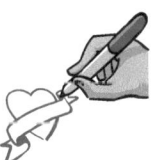

tegne

dessiner

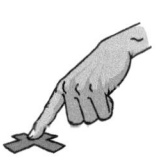

vise

montrer

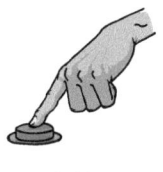

trykke

pousser

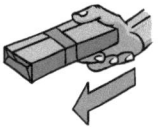

gi

donner

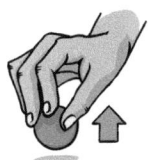

ta

prendre

ha
avoir

gjøre
faire

være
être

stå
être debout

løpe
courir

dra
trier

kaste
jeter

falle
tomber

ligge
être couché

vente
attendre

bære
porter

sitte
être assis

kle på
s'habiller

sove
dormir

våkne
se réveiller

se på
....
regarder

gråte
....
pleurer

stryke
....
caresser

gre
....
peigner

snakke
....
parler

forstå
....
comprendre

spørre
....
demander

høre
....
écouter

drikke
....
boire

spise
....
manger

rydde
....
ranger

elske
....
aimer

lage mat
....
cuire

kjøre
....
conduire

fly
....
voler

seile

faire de la voile

regne

calculer

lese

lire

lære

apprendre

jobbe

travailler

gifte seg

se marier

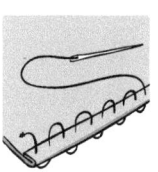

sy

coudre

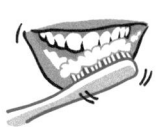

pusse tenner

brosser les dents

drepe

tuer

røyke

fumer

sende

envoyer

aktiviteter - activités

bestemor
grand-mère

bestefar
grand-père

far
père

mor
mère

baby
bébé

datter
fille

sønn
fils

gjest

hôte

tante

tante

onkel

oncle

bror

frère

søster

sœur

kropp

corps

panne
front
øye
œil
skulder
épaule
finger
doigt
fjes
visage
hake
menton
hånd
main
ben
jambe
bryst
poitrine
arm
bras

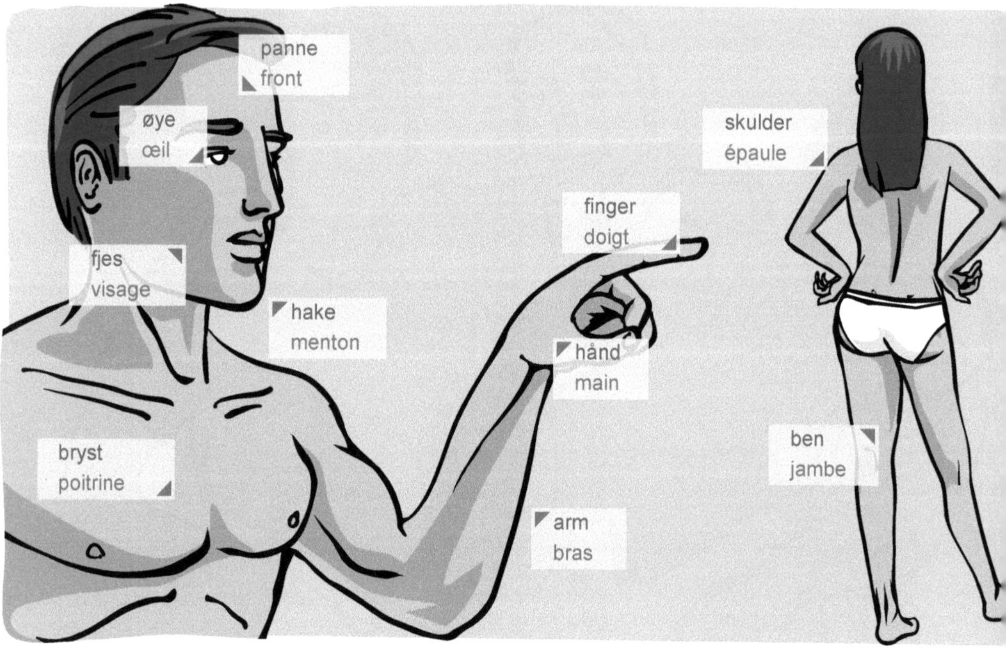

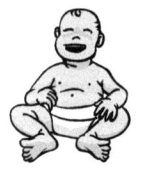

baby
bébé

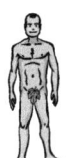

mann
homme

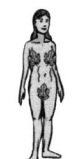

kvinne
femme

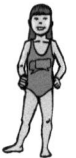

jente
fille

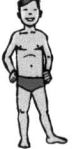

gutt
garçon

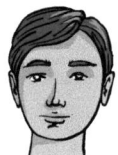

hode
tête

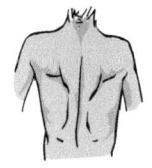

rygg
dos

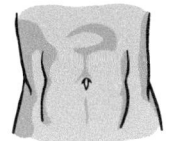

mage
ventre

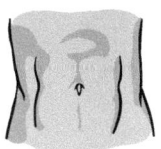

navle
nombril

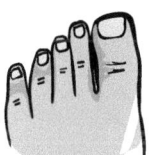

tå
orteil

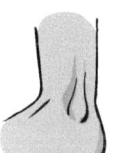

hæl
talon

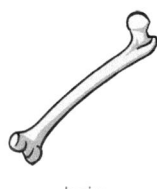

bein
os

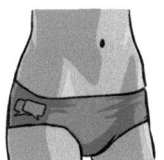

hofte
hanche

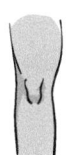

kne
genou

albue
coude

nese
nez

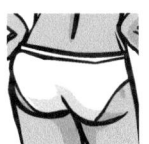

rumpe
fesses

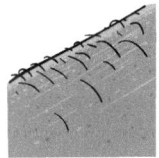

hud
peau

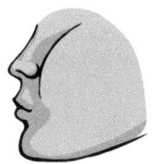

kinn
joue

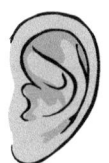

øre
oreille

leppe
lèvre

kropp - corps

munn

bouche

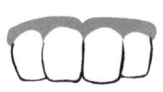

tann

dent

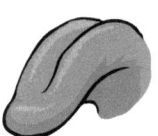

tunge

langue

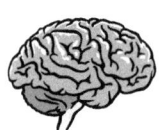

hjerne

cerveau

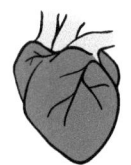

hjerte

cœur

muskel

muscle

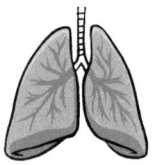

lunge

poumons

lever

foie

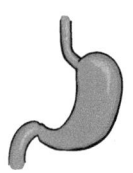

magesekk

estomac

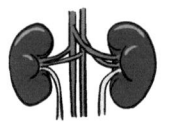

nyrer

reins

samleie

rapport sexuel

kondom

préservatif

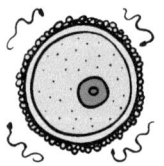

eggcelle

ovule

sæd

sperme

graviditet

grossesse

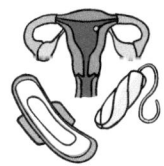

menstruasjon

menstruation

vagina

vagin

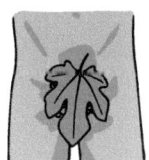

penis

pénis

øyenbryn

sourcil

hår

cheveux

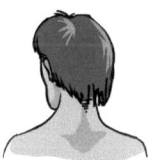

hals

cou

sykehus
hôpital

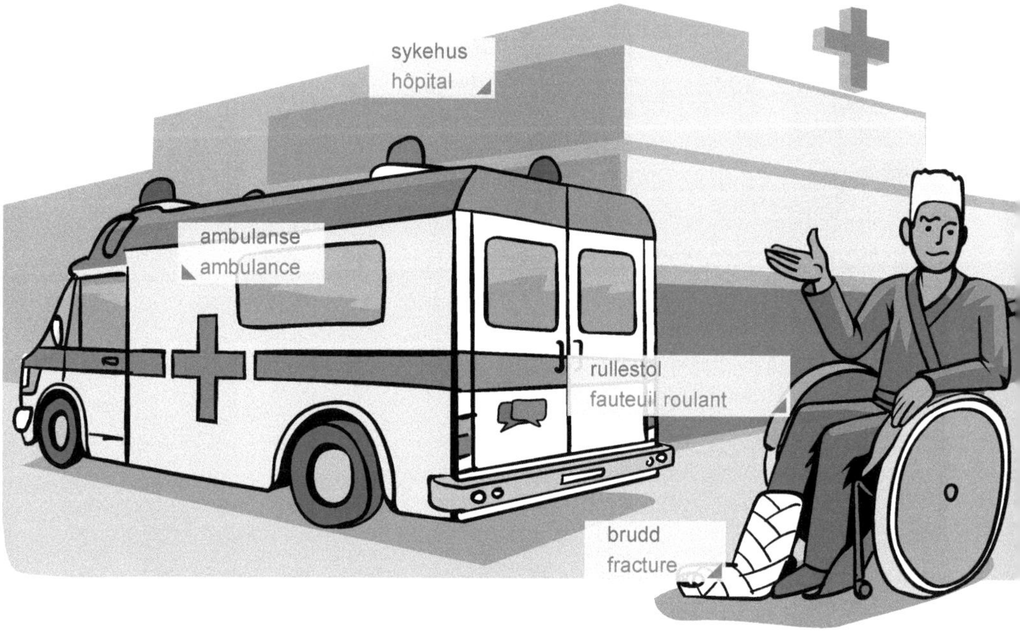

sykehus
hôpital
ambulanse
ambulance
rullestol
fauteuil roulant
brudd
fracture

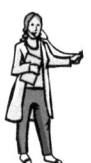

lege

médecin

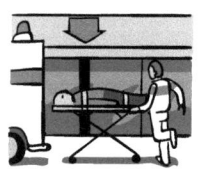

akuttmottak

service des urgences

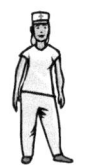

sykepleier

infirmière

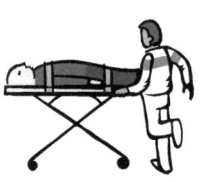

nødsituasjon

urgence

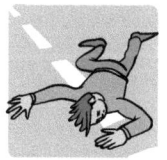

bevisstløs

inconscient

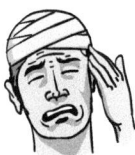

smerte

douleur

skade
blessure

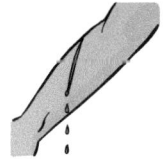

blødning
hémorragie

hjerteinfarkt
crise cardiaque

hjerneslag
attaque cérébrale

allergi
allergie

hoste
toux

feber
fièvre

influensa
grippe

diaré
diarrhée

hodepine
mal de tête

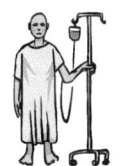

kreft
cancer

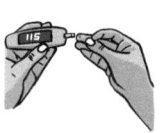

diabetes
diabète

kirurg
chirurgien

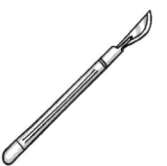

skalpell
scalpel

operasjon
opération

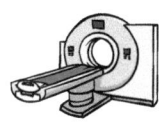

CT
CT

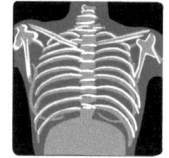

røntgen
radiographie

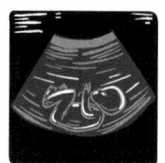

ultralyd
échographie

ansiktsmaske
masque

sykdom
maladie

venterom
salle d'attente

krykke
béquille

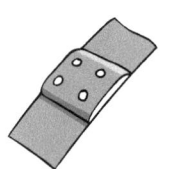

plaster
pansement

bandasje
pansement

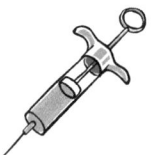

injeksjon
injection

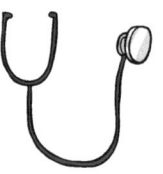

stetoskop
stéthoscope

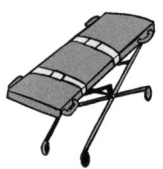

båre
brancard

klinisk termometer
thermomètre

fødsel
accouchement

overvekt
surcharge pondérale

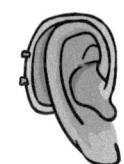

høreapparat

appareil auditif

desinfeksjonsmiddel

désinfectant

infeksjon

infection

virus

virus

HIV/AIDS

VIH / sida

medisin

médicament

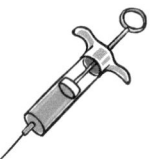

vaksinasjon

vaccination

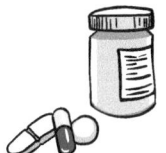

tabletter

comprimés

pille

pilule

nødanrop

appel d'urgence

blodtrykksmåler

tensiomètre

syk / frisk

malade / sain

Hjelp!

Au secours !

alarm

alarme

overfall

assaut

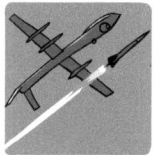

angrep

attaque

fare

danger

nødutgang

sortie de secours

Brann!

Au feu!

brannslukker

extincteur

ulykke

accident

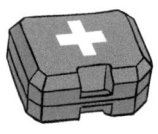

førstehjelpsskrin

trousse de premier secours

SOS

SOS

politi

police

Europa

Europe

Nord-Amerika

Amérique du Nord

Sør-Amerika

Amérique du Sud

Afrika

Afrique

Asia

Asie

Australia

Australie

Atlanterhavet

Océan atlantique

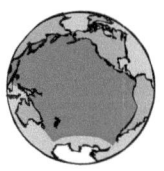

Stillehavet

Océan pacifique

Det indiske hav

Océan indien

Sørishavet

Océan antarctique

Nordishavet

Océan arctique

Nordpolen

pôle nord

Sydpolen

pôle sud

Antarktis

Antarctique

jorden

terre

land

pays

sjø

mer

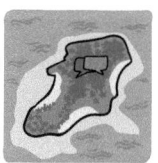

øy

île

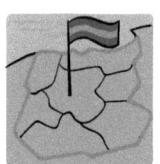

nasjon

nation

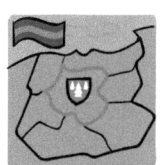

stat

état

urskive
cadran

timeviser
aiguille des heures

minuttviser
aiguille des minutes

sekundviser
aiguille des secondes

Hva er klokken?
Quelle heure est-il ?

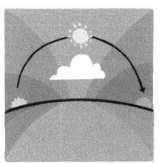

dag
jour

tid
temps

nå
maintenant

digitalklokke
montre digitale

minutt
minute

time
heure

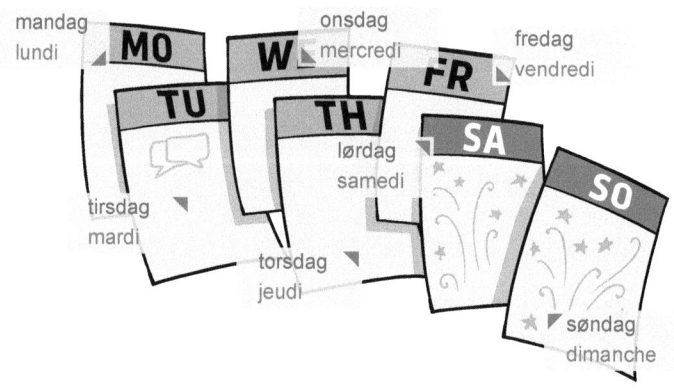

mandag
lundi

onsdag
mercredi

fredag
vendredi

tirsdag
mardi

lørdag
samedi

torsdag
jeudi

søndag
dimanche

i går
hier

i dag
aujourd'hui

i morgen
demain

morgen
matin

middag
midi

kveld
soir

arbeidsdag
jours ouvrables

helg
week-end

regn
pluie

regnbue
arc-en-ciel

snø
neige

vind
vent

vår
printemps

høst
automne

sommer
été

vinter
hiver

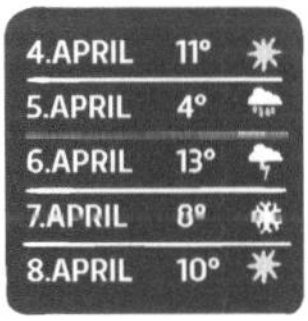

4.APRIL	11°	☀
5.APRIL	4°	☁
6.APRIL	13°	☁
7.APRIL	8°	❄
8.APRIL	10°	☀

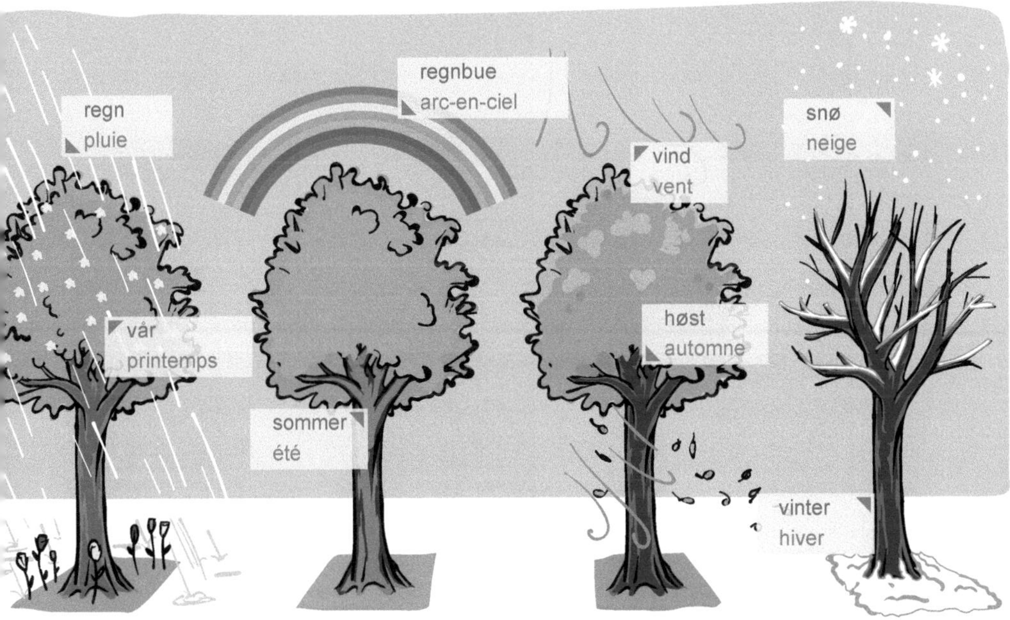

værmelding
....
météo

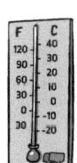

termometer
....
thermomètre

solskinn
....
lumière du soleil

sky
....
nuage

tåke
....
brouillard

luftfuktighet
....
humidité

lyn

foudre

torden

tonnerre

storm

tempête

hagl

grêle

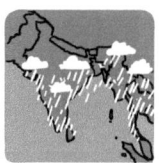

monsun

mousson

oversvømmelse

inondation

is

glace

januar

janvier

februar

février

mars

mars

april

avril

mai

mai

juni

juin

juli

juillet

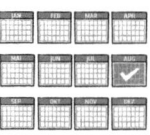

august

août

år - année

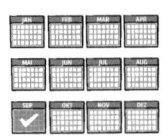

september
septembre

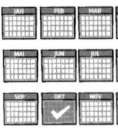

oktober
octobre

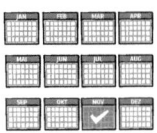

november
novembre

desember
décembre

former
formes

sirkel
cercle

kvadrat
carré

rektangel
rectangle

triangel
triangle

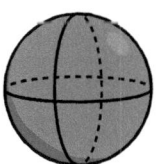

kule
sphère

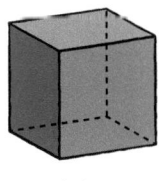

kube
cube

hvit
blanc

gul
jaune

oransj
orange

rosa
rose

rød
rouge

lilla
violet

blå
bleu

grønn
vert

brun
marron

grå
gris

svart
noir

mye / lite
beaucoup / peu

sint / rolig
fâché / calme

pen / stygg
joli / laid

start / slutt
début / fin

stor / liten
grand / petit

lys / mørk
clair / obscure

bror / søster
frère / soeur

ren / skitten
propre / sale

fullstendig / ufullstendig

complet / incomplet

dag / natt
jour / nuit

død / levende
mort / vivant

bred / smal
large / étroit

spiselig / uspiselig

comestible / incomestible

ond / snill

méchant / gentil

begeistret / lei

excité / ennuyé

tykk / tynn

gros / mince

først / sist

premier / dernier

venn / fiende

ami / ennemi

full / tom

plein / vide

hard / myk

dur / souple

tung / lett

lourd / léger

sulten / tørst

faim / soif

syk / frisk

malade / sain

ulovlig / lovlig

illégal / légal

intelligent / dum

intelligent / stupide

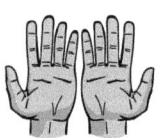

venstre / høyre

gauche / droite

nære / langt unna

proche / loin

ny / brukt

nouveau / usé

ingenting / noe

rien / quelque chose

gammel / ung

vieux / jeune

på / av

marche / arrêt

åpen / stengt

ouvert / fermé

lavt / høyt

faible / fort

rik / fattig

riche / pauvre

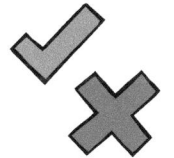

riktig / feil

correct / incorrect

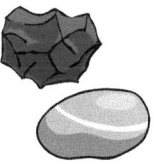

ru / glatt

rugueux / lisse

trist / glad

triste / heureux

kort / lang

court / long

langsom / rask

lent / rapide

vått / tørt

mouillé / sec

varm / lunken

chaud / froid

krig / fred

guerre / paix

0

null

zéro

1

en

un / une

2

to

deux

3

tre

trois

4

fire

quatre

5

fem

cinq

6

seks

six

7

sju

sept

8

åtte

huit

9

ni

neuf

10

ti

dix

11

elleve

onze

12

tolv
douze

13

tretten
treize

14

fjorten
quatorze

15

femten
quinze

16

seksten
seize

17

sytten
dix-sept

18

atten
dix-huit

19

nitten
dix-neuf

20

tjue
vingt

100

hundre
cent

1.000

tusen
mille

1.000.000

million
million

engelsk

anglais

amerikansk engelsk

anglais américain

mandarin

chinois mandarin

hindi

hindi

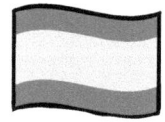

spansk

espagnol

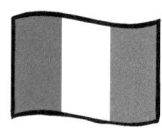

fransk

français

arabisk

arabe

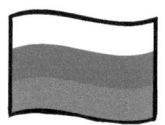

russisk

russe

portugisisk

portugais

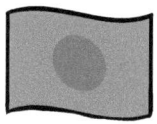

bengali

bengali

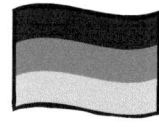

tysk

allemand

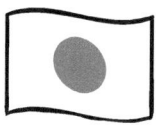

japansk

japonais

jeg

je

du

tu

han / hun / det

il / elle / ce, c', cela

vi

nous

dere

vous

de

ils / elles

hvem?

Qui ?

hva?

Quoi ?

hvordan?

Comment ?

hvor?

Où ?

når?

Quand ?

navn

nom

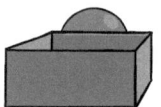

bakom

derrière

i

dans

foran

devant

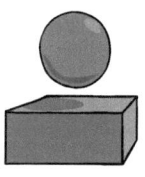

over

au-dessus

på

sur

under

en-dessous

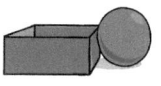

ved siden av

à côté de

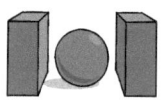

mellom

entre

sted

lieu